LE TACITURNE,

COMÉDIE,

EN UN ACTE ET EN VERS,

Par M. POULHARIEZ.

Représentée à Marseille, sur un Théâtre de Société.

Il faut savoir parler & se taire à propos. Scene II.

NOUVELLE ÉDITION.

A PARIS,

Chez RUAULT, Libraire,
rue de la Harpe.

M. DCC. LXXVIII.

ACTEURS.

M. ARGANTE.
MADAME ARGANTE.
ANGELIQUE, leur Fille.
VALERE, amant d'Angylique.
ARISTE.
JEAN, Valet de chambre d'Ariste.
MARTON, Femme de chambre d'Angélique.

La Scene est aux environs de Paris, dans un appartement du Château de Madame Argante.

LE TACITURNE, COMÉDIE.

SCENE PREMIERE.

MARTON, & JEAN, *venant d'un côté opposé.*

JEAN.

Ah, Marton ! quel sujet t'amene en ce lieu-ci ?

MARTON.

Mais quel motif, dis-moi, peut t'y conduire aussi ?

JEAN.

Je sors de chez Madame, & viens de lui remettre.
Fidele messager.....

MARTON.

Quoi donc Jean ?

JEAN.

Une lettre.

MARTON.

Une lettre !... ah, vraiment !... depuis près de deux mois
Qu'Ariste est au Château, ne peut-il une fois,
Se résoudre à parler au lieu de nous écrire ?

JEAN.

Mon maître aimeroit mieux, (puisqu'il faut t'en instruire,)
Envoyer vingt billets que de répondre un mot.

MARTON.

Ma foi, je l'avouerai, ton maître est un grand sot
De ne pas s'expliquer, s'il adore Angélique.
Mais veux-tu qu'avec toi librement je m'explique ?
Elle n'est plus déja maîtresse de son cœur ;
Et pour tout dire enfin, Valere est son vainqueur.

JEAN.

Cela nous est égal : n'avons-nous pas sa Mere ?

A

Angélique obéît !......
MARTON.
Oui, mais elle est sincere ;
Et lui fera l'aveu qu'elle ne l'aime point.
JEAN, *avec confiance.*
Va, nous sommes, Marton, tranquilles sur ce point ;
Et nous l'épouserons malgré Monsieur Argante :
D'ailleurs il est bon homme, & sa femme est méchante,
Il la craint, & ne fait ni plus haut, ni plus bas,
Que ce qu'elle desire : ainsi n'en parlons pas.
Quant à notre Rival, j'en fais seul mon affaire ;
Et saurai l'expulser en parlant à la Mere :
Car, soit dit entre nous, c'est un diseur de rien,
Qui n'a que du caquet, mais qui n'a pas de bien ;
Et l'or fait tout, Marton, dans le Siecle où nous sommes.
MARTON.
Tu dis vrai ; mais enfin, je vois les autres hommes
Qui s'expliquent, du moins, quand ils sont amoureux.
Ton maître apparemment, ne pense pas comme eux,
Car jamais il ne dit une seule parole.
En vérité, je crois qu'il faudroit être folle,
Pour accepter la main d'un homme tel que lui,
Qui vous feroit mourir de tristesse & d'ennui.
Pour moi, si je voulois tâter du mariage,
(Ce qui ne sera pas, tant que je serai sage)
Je voudrois un mari qui sût, fort à propos,
Dissiper mes chagrins par de joyeux propos ;
Je voudrois qu'il fût doux, généreux, & docile ;
Et s'il venoit un jour à m'échauffer la bile,
J'exigerois, sur-tout, qu'il vînt de bonne foi
S'excuser......
JEAN, *d'un ton goguenard.*
Tu voudrois... quelqu'un fait comme moi,
Qui t'aimât à la rage, & qui fût assez bête,
Pour te laisser toujours gouverner à ta tête ?
MARTON, *avec une feinte modestie.*
Quoi !..... vous m'épouseriez !..... vous Monsieur ?
JEAN.
Oui, Marton ;
(*à part.*)
J'étois sûr de la voir bientôt changer de ton.
(*haut.*)
Si ton cœur est touché de ma brûlante flamme,
Je t'offre, dès ce soir, de te prendre pour femme.
MARTON, *lui riant au nez.*
Tu veux donc que j'épouse un Ivrogne, un joueur,
Un médisant, un traître, un fripon, un coureur,
Un......
JEAN.
Halte-là, Marton ? quelle mouche te pique !

Comédie.
Ne pousse pas plus loin ce beau Panégyrique.
    MARTON.
Enfin Jean, là-dessus s'il faut te parler net,
Un homme tel que toi, n'est point du tout mon fait.
   JEAN, *s'avançant pour l'embrasser.*
Viens çà, ma belle enfant, que je te récompense
Par cinq à six baisers ?....
    MARTON, *sérieusement.*
     Va, va, je t'en dispense;
J'exige seulement que tu sois circonspect.
  JEAN, *d'un ton ironique, & levant son chapeau.*
Madame, une autre fois j'aurois plus de respect.
   [*D'un ton piqué, & se couvrant.*]
Tu fais la renchérie à présent; mais peut-être
Tu me regretteras. Revenons à mon maître.
Tiens, depuis quelque temps, Marton, je m'apperçois
Qu'Ariste n'est plus tel qu'il étoit autrefois;
Je ne le connois plus, & je tombe des nues.
L'amour par son pouvoir anime les Statues,
Car mon maître aujourd'hui m'a fait son confident:
Il vient me demander (en deux mots cependant)
» Si je pense qu'il plaise à la belle Angélique! »
Je ne lui réponds rien: mon silence le pique;
Il se promene alors d'un air peu satisfait:
Mais quand de m'évader je forme le projet,
Il m'arrête à la porte en dépit de moi-même;
» Et veut enfin savoir si ta maîtresse l'aime ? »
Motus encor....
    MARTON.
   Tant-pis. Réponds lui hardiment,
Qu'Angélique a choisi Valére pour amant,
Que son heureux Rival adore ma maîtresse;
Et qu'ils ont l'un pour l'autre une égale tendresse;
Que leurs cœurs pour jamais.....
    JEAN.
     Je m'en garderois bien:
Ne vois-tu pas qu'alors il ne me diroit rien ?
Et reprenant bientôt toute son humeur sombre,
Je serois obligé de parler à mon ombre.
Il me souvient toujours qu'entrant dans sa maison,
Ariste débuta par me changer de nom;
Il trouva que le mien étoit long d'une toise,
Et me fit nommer Jean, quoiqu'on m'appelle Ambroise.
    (*Posément.*)
Croirois-tu bien, Marton, que les six premiers mois,
Il ne m'a pas parlé plus de deux ou trois fois!
    MARTON.
Cet homme est singulier.
    JEAN.
   A son air, à sa mine,

Le Taciturne;
A son geste sur-tout, il veut qu'on le devine;
Et la moitié du temps je suis content de lui,
Quand j'en puis arracher soit un non, soit un oui.
Bien plus, si je disois plus de deux mots de suite,
Il me force au troisieme à me taire bien vite.
MARTON.
Il te croit babillard? Ce n'est pas sans raison.
Profite de l'avis, je pense qu'il est bon.
JEAN.
Que veux-tu? faut-il bien que je me dédommage
Du temps, où, devant lui, je mets ma langue en cage?
Tiens, Marton, quelquefois je me contrains si fort,
Que je crains de crever de ce pénible effort......
(Lui faisant signe de s'en aller.)
Mais chut, Ariste vient, si tu voulois permettre....
MARTON.
Je t'entends. Adieu Jean.
JEAN.
Adieu donc.

SCENE II.

Le commencement de cette Scene doit être récité fort lentement, laissant toujours un intervalle entre les deux Interlocuteurs.

ARISTE, JEAN.

ARISTE, *s'avance en rêvant, & après un moment de silence, il dit.*

Et ma lettre?
JEAN.
Je l'ai remise.
ARISTE.
A qui?
JEAN.
Mais à Madame.
ARISTE.
Hé bien?
L'a-t-elle ouverte?
JEAN.
Oui.
ARISTE.
Que répond-elle?
JEAN.
Rien.
ARISTE.
Argante étoit-il là?

Comédie.
JEAN.
Non Monsieur.
ARISTE.
Et Valere ?
JEAN.
Non plus.
ARISTE.
Mais Angélique !.....
JEAN, *l'interrompant.*
Etoit avec sa mere.
ARISTE.
Angélique !.....
JEAN, *l'interrompant encore.*
Vous aime.
ARISTE, *un peu plus vîte.*
Ah, qu'entends-je ?
JEAN.
Marton.....
ARISTE, *vîte.*
Comment ?
JEAN.
Le dit ainsi.
ARISTE, *souriant, & caressant le menton de Jean.*
Le crois-tu ?
JEAN.
Pourquoi non.
Ariste fait signe à Jean de lui apporter tout ce qu'il faut pour écrire. Jean le lui apporte, & Ariste écrit. [à part.]
Voilà, sur ma parole, un bien hardi mensonge !
Si l'on vient à savoir........
[*Ariste le regarde pour le faire taire.*]
(à part.)
Parbleu ! puisque j'y songe,
Soutenons à Marton qu'elle-même l'a dit.........
Fort bien Jean... Ce que c'est que d'avoir de l'esprit !....
[*Ariste le regarde encore.*]
(à part.)
Oui, j'approuve cela : mon idée est charmante !
Je vais bien me venger de cette impertinente,
Et du beau compliment, sur-tout, qu'elle m'a fait.
[*La contrefaisant.*]
» Un homme tel que toi n'est point du tout mon fait,
» Un ivrogne, un coureur......
ARISTE, *s'impatientant.*
Te plaît-il de te taire ?
JEAN, *poursuivant toujours.*
Tu voudrois, affectant une sagesse austere,
Qu'on te crût une Agnés ! Mais Poitevin, Hector,
La Fleur, Dubois, Champagne, & tant d'autres encor

Dont je n'ai pas les noms présens à la mémoire;
Et qui m'ont autrefois raconté ton histoire,
Disent tous, que souvent, près d'eux, en certain cas,
Ton austere vertu ne s'effarouchoit pas:
Avec moi, cependant, tu fais la ridicule,
Le tout, pour me dorer encor mieux la pilule,
Et te faire épouser, si j'étois assez sot.....
(*Ariste se leve & va le prendre au collet.*)
Haï, haï, pardon Monsieur, je ne dirai plus mot.

ARISTE.

Tu feras sagement.
Il se remet à écrire, & après un moment de silence, il fait signe à Jean de s'avancer; & il lui dit en pliant sa lettre, & y mettant l'adresse.
Parle-moi d'Angélique!.....
(*Se relevant, & ne s'asseyant qu'au moment que Jean lui répond.*)
Tu prétends qu'elle m'aime!.... Hé bien!...... point de replique!.....

JEAN.

Je ne sais plus, Monsieur, comment faire avec vous;
Si je parle; aussitôt l'on vous voit en courroux;
Et si, par pur hazard, je m'obstine à me taire,
Je trouve le secret de vous mettre en colere.
Voudriez-vous enfin m'expliquer en deux mots?.....
ARISTE, *d'un ton de colere, & sortant brusquement de sa place.*
Il faut savoir parler & se taire à propos.
JEAN, *d'un ton doucereux.*
Si vous preniez, Monsieur, ce conseil pour vous-même!...
ARISTE, *vivement.*
Que dis-tu?.....

JEAN.

Je vous dis qu'Angélique vous aime:
La voici justement qui s'approche de nous.

SCENE III.

ARISTE, JEAN, Madame ARGANTE, ANGÉLIQUE, MARTON.

Md. ARGANTE, *ayant une lettre d'Ariste à la main.*

IL vous sied bien, Monsieur, d'écrire un billet doux,
Votre style, sur-tout, est précis, laconique!.....
Mais au fait: vous voulez épouser Angélique;
Et vous n'attendez plus que son consentement?
N'avez-vous pas le mien? Vous êtes bon vraiment

Comédie.

De consulter son cœur dans cette conjoncture :
(*D'un air de confiance.*)
C'est moi qui vous le dis : dès ce soir, je vous jure,
Vous serez son époux, si vous le voulez bien.
Quant au bon homme Argante, il n'est compté pour rien.

ARISTE, *baise la main de Madame Argante en signe de remerciment, puis il va présenter sa lettre à Angélique. Elle la reçoit, & regarde sa mere, pour savoir si elle doit la lire. Sa mere le lui permet.*

ANGELIQUE, *lit.*

» Charmante Angélique : c'est aujourd'hui le plus
» beau jour de ma vie ; Marton m'a fait la confi-
» dence que vous m'aimiez..... »

(*Elle regarde Marton d'un air courroucé.*)

MARTON à Ariste, (*Avec impatience.*)
J'ai tenu ce propos !..... Parlez donc, je vous prie ?

JEAN.

Quoi ! ne m'as-tu pas dit à moi-même, ma mie,
» Que ta maîtresse aimoit Ariste à la fureur,
» Et qu'elle détestoit Valere ? »

MARTON.

L'imposteur !
Le traître !.... Voyez donc ?.... j'ai dit tout le contraire.

JEAN.

Je voulois retrancher, pour ne point te déplaire,
La moitié des propos que tu m'avois tenus ;
Mais puisque, par tes soins, ils me sont bien connus,
Je vais en régaler ta maîtresse, & mon maître,
Qui tous deux ignorant ce que tu vaux peut-être,
Pourroient........

MARTON, *d'un air indifférent.*
De tes discours je fais très-peu de cas,
On te connoît menteur, on ne te croira pas.

JEAN.

On ne me croira pas !.... Réponds moi donc friponne ?
Penses-tu mesurer tout le monde à ton aune ?
(*à madame Argante.*)
Madame ; obligez la, s'il vous plaît, de finir,
Car déja ma fureur ne se peut retenir ?

Mad. ARGANTE.

Marton, retirez-vous, & fuyez ma présence,
Demain vous payerez cher une telle insolence.

MARTON, *en s'en allant, s'approche de Jean, & le menace par ces paroles.*
Si je te puis jamais trouver hors de ces lieux,
Sois sûr que, tout au moins, je t'arrache les yeux.

JEAN.

Ce n'est pas tout, Madame : elle soutient encore,
» Qu'Argante a fait l'hymen que votre fille abhorre ;
» Mais que si l'on poussoit la chose plus avant,

B

» Elle préféreroit d'entrer dans un couvent.
» Pour son maître, elle dit, que c'est une autre affaire;
» Et qu'Angélique veut tout ce que veut sa mere.

Mad. ARGANTE.
(à Angélique)
Vraiment je le crois bien. Relisez cet écrit.

ANGELIQUE, lit.
» Charmante Angélique : c'est aujourd'hui le plus
» beau jour de ma vie ; Marton m'a fait la confi-
» dence que vous m'aimiez: daignez me le confirmer
» de votre belle bouche, si vous voulez mettre le
» comble à mon bonheur. Je n'attends que cet heu-
» reux moment, pour vous offrir ma fortune & mon
» cœur : croyez que tant que je vivrai, je serai
» le plus reconnoissant, & le plus tendre des époux. »

ARISTE.
(Elle pleure.)

Mad. ARGANTE, à Ariste.
Monsieur, excusez-la, c'est un petit esprit:
D'ailleurs elle est timide, & l'on sait qu'à son âge;
Une fille rougit au mot de mariage.......
C'en est assez, venez, & me donnez la main;
Nous irons tous les deux faire un tour de jardin.

SCENE IV.
ANGELIQUE, seule.

IL le faut avouer, mon état est bien triste !
J'aimerois mieux mourir que d'épouser Ariste ;
Et l'on veut me forcer à lui donner ma foi,
Mais cet effort cruel est au dessus de moi,
Car je ne puis aimer nul autre que Valere.
Il est jeune, bienfait, complaisant, doux, sincere ;
Que lui manque-t-il donc ?..... Hélas je le vois bien;
Son crime est sûrement, de n'avoir pas de bien:
Comme si le bonheur étoit dans la richesse !
On ne compte pour rien l'amitié, la tendresse,
On ne consulte plus que le seul intérêt,
C'est-là..... Valere vient, mon tendre cœur renait.

SCENE V.
ANGÉLIQUE, VALERE.
VALERE, d'un ton de reproche.

EH, quoi ! vous oubliez si-tôt votre promesse;
Vous, Angélique, vous, qui me juriez sans cesse,

Que votre main jamais n'appartiendroit qu'à moi!
Ingrate! cependant vous me manquez de foi,
Mes cris, mon désespoir, mes pleurs, rien ne vous touche;
Mon Rival est heureux, & c'est de votre bouche,
Qu'il fait que dans ce jour vous faites son bonheur:
Mais qu'il redoute tout de ma juste fureur!....
   ANGÉLIQUE, *l'interrompant.*
Ecoutez-moi, Valere.....
   VALERE, *poursuivant toujours.*
      En vain par votre adresse,
Chercherez-vous encore à tromper ma tendresse?
Que ne disiez-vous, sans user de détour,
Qu'Ariste fut toujours l'objet de votre amour?
J'aurois quitté ces lieux, & loin de votre vue,
J'aurois pû détourner le poison qui me tue:
Mais non: votre triomphe étoit plus glorieux,
En me rendant témoin d'un hymen odieux;
Etes-vous satisfaite? Eh bien, Mademoiselle,
Je saurai mettre un terme à ma douleur cruelle;
Et puisqu'il est trop vrai que vous voulez ma mort,
Adieu, perfide, adieu, je vais remplir mon sort.
   ANGÉLIQUE, *l'arrêtant.*
Ah, Valere arrêtez. Gardez de jamais croire
Que je pusse tramer une action si noire:
Moi, qui vous ai choisi, pour être mon époux,
Qui ne peut vivre heureuse, un seul instant sans vous?
Que vous connoissez mal le cœur de votre amante!
Vous le possédez seul: en vain Madame Argante
Voudroit m'assujettir à cet effort cruel;
Je sais jusqu'où s'étend le pouvoir maternel;
Et je résisterois aux ordres de ma mere,
S'il falloit épouser tout autre que Valere.
   VALERE, *avec transport.*
Qu'entends-je?... Ah, quel bonheur!... au comble de
   mes vœux,
Quel mortel, plus que moi, pourroit se croire heureux!
  (*Il lui baise la main à plusieurs reprises.*)

SCENE VI.

Monsieur ARGANTE, VALERE, ANGELIQUE.

M. ARGANTE, *appercevant Valere.*

Bravo!... je suis charmé de vous trouver ensemble;
Et puisque le hazard en ces lieux nous rassemble,
Je viens vous annoncer qu'avant la fin du jour,
Vous allez voir tous deux couronner votre amour.

ANGÉLIQUE, *avec effusion de cœur.*

O mon pere! le Ciel, dans cette circonstance,
En exauçant mes vœux, comble mon espérance;
Puisqu'il me fait enfin éprouver la douceur
De m'unir à celui qui possède mon cœur.
Mais daignez m'expliquer, par quel bonheur ma mere
Veut permettre aujourd'hui que j'épouse Valere?

M. ARGANTE.

Tiens, je me suis servi, pour cela d'un moyen.....
C'est de vous marier sans qu'elle en sache rien.
Il paroît qu'elle fait en tout sa fantaisie;
Je veux avoir mon tour une fois dans ma vie.
Je suis las à la fin de me laisser mener:
Je lui conseille donc de ne pas s'obstiner,
Car je lui ferois voir que je suis le seul maître;
Et que ce n'est qu'à moi qu'il appartient de l'être.

ANGÉLIQUE, *avec douleur.*

Ma mere ne sait rien!..... hélas!..... que dites-vous?.....
Ah, Valere jamais ne sera mon époux!

M. ARGANTE.

Je te l'ai déja dit, & je te le répéte:
Regarde maintenant la chose, comme faite.

VALERE.

Vous ne sauriez montrer assez de fermeté,
Lorsqu'il s'agit, Monsieur, de la félicité
De celle dont le cœur vous chérira sans cesse,
Et dans qui le respect égale la tendresse.

M. ARGANTE, *à tous deux.*

Soyez sûrs, mes enfans, que je n'oublirai rien,
Faisant votre bonheur, je crois faire le mien.
    (*à Angélique.*)
Mais sais-tu la raison que peut avoir ta mere,
Pour accepter Ariste, & refuser Valere?

ANGÉLIQUE.

Oui: la difficulté consiste dans un point;
Ariste est opulent, Valere ne l'est point.

M. ARGANTE.

Tu crois donc que c'est là le motif qui l'engage;
A vouloir s'opposer à notre mariage?
    [*posément.*]
Sois tranquille à présent. J'imagine un projet.....
Qui pourra réussir........ s'il est tenu secret.
    (*plus vîte.*)
J'ai de l'autorité sur l'esprit de mon frere;
Il est goûteux, fiévreux, de plus sexagenaire;
Il m'a dit plusieurs fois qu'il aimoit ton amant;
Je vais le décider à faire un Testament,
Où le seul héritier..... Suffit, tu dois m'entendre;
Mais j'ai besoin de toi..... Viens donc !..... Adieu mon
    gendre.

Comédie. 13

SCENE VII.
VALERE, seul.

Monsieur Agante en vain cherche à me rassurer :
Dans cet état cruel je ne puis demeurer ;
Et quoiqu'il soit porté, de même que son frere,
A voir en ma faveur terminer cette affaire,
J'appréhende toujours qu'en dépit de mes feux,
Sa femme ne préfére un rival odieux.
Je l'apperçois..... il faut qu'à l'instant je punisse
Celui qui dans ce jour cause tout mon supplice,
Puisque le hazard seul a sû me l'amener.

SCENE VIII.
VALERE, ARISTE, JEAN.

VALERE, à Ariste.

Peut-on savoir, Monsieur, sans vous importuner,
Si vous aimez toujours l'adorable Angélique ?
JEAN, *d'un ton décidé, mettant son chapeau sur*
 l'oreille & passant fiérement devant Valere.
Oui, Monsieur.
VALERE, à Jean.
(*à part.*)
Taisez-vous. Son silence me pique.
(*haut.*)
On assure qu'enfin l'on remplit votre espoir ;
Et que tout se dispose aux nôces pour ce soir ?
JEAN.
Oui, Monsieur.
VALERE.
Je ne sai, si vous savez encore,
Que vous voyez en moi le rival qui l'adore ?
JEAN.
Oui, Monsieur.
VALERE.
Que de plus, je ne souffriral pas
Que tout autre que moi, possédé tant d'appas ?
Mais si le destin veut qu'elle me soit ravie,
Il met son chapeau, & tire son épée : Ariste en fait
 autant de son côté.
Il faut qu'auparavant vous m'arrachiez la vie.

Le Taciturne,

JEAN, *se mettant entre deux & retenant Valere.*
Ah! Monsieur, arrêtez ! O Ciel ! que faites-vous ?
Quoi ! pour si peu de chose on vous voit en courroux !
Mon maître est amoureux, & son amour l'abuse.
   [*se jettant à ses genoux.*]
Souffrez dans ce moment que pour lui je m'excuse :
Sur le cœur d'Angélique il vous cède ses droits :
Et vous pouvez, Monsieur, libre dans votre choix,
Couper, trancher, rogner, à votre fantaisie ;
Car mon maître, plutôt que de perdre la vie,
Veut vous céder l'honneur d'être un jour son époux.
   (*à Ariste.*)
N'est-ce pas ?... Allons donc !.... Mettez-vous à genoux ?
) *Ariste le fait relever en lui donnant un soufflet.*)
Comme, sans se gêner, votre main s'évertue !
Le tout, pour empêcher, Monsieur, qu'on ne vous tue :
Mais puisque ici mes soins paroissent superflus,
Battez-vous, tuez-vous, je ne m'en mêle plus ;
Et je vais de ce pas m'asseoir sur cette chaise :
Je vous contemplerai de là plus à mon aise.
   (*Ils se portent quelques bottes.*)

SCENE IX.

Mad. ARGANTE, VALERE, ARISTE, JEAN.

Au commencement de cette Scene, Ariste & Valere entendant parler Madame Argante, ôtent leurs chapeaux, & baissent la pointe de leurs épées.

Mad. ARGANTE, *au fond du Théâtre.*
EH, bien ! qui peut ici causer tant de fracas ?....
   (*Toujours en s'avançant.*)
En vérité, Messieurs, je ne vous conçois pas,
Car vous semez par-tout la crainte, & les alarmes.
   (*Appercevant leurs épées nues.*)
Prenez-vous ma maison pour une salle d'armes ?
Ou bien est-ce un duel ? Je veux savoir pourquoi
Vous prétendez tous deux, vous égorger chez moi ?
   VALERE, *s'approchant de Madame Argante.*
Ah, Madame ! de vous obtiendrai-je ma grace ?
Le motif doit sans doute excuser mon audace :
J'adore votre fille, & ne puis sans courroux,
Voir un autre que moi devenir son époux.
   Mad. ARGANTE, *d'un ton brusque.*
Quoi ! ne pourrai-je pas, Monsieur, dans ma famille,
Sans prendre votre avis, disposer de ma fille ?
Je suis au désespoir d'augmenter votre ennui,

Comédie.

Mais, Ariste est l'Amant qu'elle épouse aujourd'hui.
VALERE.
Vous voulez cet hymen, je n'ai plus rien à dire.
(à Ariste en sortant.)
Avant qu'il s'accomplisse il faudra que j'expire.

SCENE X.

Mad. ARGANTE, ARISTE, JEAN.

Mad. ARGANTE.

Puisque nous sommes seuls, je puis donc m'expliquer.
Mais il faut, s'il vous plaît, Monsieur, me repliquer;
Car je ne puis savoir ce que vous voulez dire,
Si vous n'avez enfin la bonté de m'instruire?
JEAN, *après un moment de silence dans lequel Mad.*
Argante témoigne son impatience de ce qu'on ne lui
répond rien.
Je suis le confident de mon maître aujourd'hui
Madame : permettez que je parle pour lui.
Je vous ferai savoir ses capitaux, ses rentes,
L'argent qui lui revient de la mort de deux tantes.
De plus, si vous voulez, je puis vous mettre au fait
De ce que peut valoir la terre d'Auvilet,
Où n'ayant nul besoin de langue, ni d'oreilles,
Tout notre temps se passe à béer aux corneilles.
Mais commençons. D'abord nous avons deux châteaux;
Dont l'un est dans la Guienne, à deux pas de Bordeaux,
L'autre......
(Jean paroît étonné de ce qu'on l'interrompt.)
Mad. ARGANTE.
Puisqu'il vous plaît d'entrer dans ma famille;
Quel avantage ici faites-vous à ma fille?
JEAN, *d'un ton important.*
Il lui reconnoîtra cent mille écus comptant;
Si ce n'est pas assez, encore tout autant.
Il ne s'informe pas de la dot qu'on lui donne :
Content de posséder cette aimable personne,
Mon maître ne desire à coup sûr, rien de plus.
Il a, je crois, raison : car c'est un grand abus
De donner de l'argent pour marier ses filles;
Or, pour le reformer, il faut avec des grilles,
Contenir le beau sexe : alors les jeunes gens
Viendront tous demander des femmes aux parens,
Qui se faisant prier plus de six mois de suite,
Répondront à la fin, lassés de leur poursuite :
» Nos filles sont à vous; si vous le desirez,

16   *Le Taciturne*,
» Mais de la dot, Messieurs, vous vous en passerez;

Mad. ARGANTE.

Vos autres capitaux sont-ils en fonds de terre?

JEAN.

Non pas tous, s'il vous plaît : un porte-feuille enserre
Quarante mille écus de billets au porteur,
Que nous faisons valoir en tout bien, tout honneur;
Je vais vous le chercher, si vous daignez m'attendre.

[*Il demande à son maître la clé de sa cassette, &*
il sort.

Mad. ARGANTE, *avec vivacité.*

Dois-je croire, Monsieur, ce que je viens d'entendre;
Et faut-il me fier à ce qu'il me dit là?.....
Vous ne répondez rien !......

Ariste, pour toute réponse, s'avance d'une table qui doit
être au fond du Théâtre, & se met à écrire.

JEAN, *rentrant tout essoufflé, avec le porte-feuille.*

Madame, le voilà.

(*à part à Madame Argante.*)

J'ai, ma foi, très-bien fait de revenir bien vite,
Car vous auriez parlé plus d'une heure de suite,
Que mon maître jamais n'auroit dit un seul mot.
Pour moi qui le connois, je ne suis pas si-tôt,
De vous laisser ici trop long-temps vous morfondre ;
C'est pourquoi j'ai couru, pour plutôt vous répondre.

(*après avoir regardé de tous côtés.*)

Où diable est-il passé !....... Je crois le voir là bas......
Oui, sans doute, c'est lui, je ne me trompe pas.
Assis près d'une table, il aime mieux écrire
A l'univers entier, plutôt que de rien dire.
A cela près, je suis assez content de lui,
Et j'approuve le choix qu'il a fait aujourd'hui.....

(*en riant.*)

Mais je le vois venir..... tenez, je vous annonce,
Qu'il vient vous apporter lui-même sa réponse.

Me. ARGANTE, *lit haut.*

» Madame, mon valet est un faquin qui se mêle
» toujours de ce qui ne le regarde point, & qui
» a la rage de parler à tout propos.....

(*Jean fait un signe de remercîment à son maître.*)

» Je lui aurois déja donné son congé, s'il n'avoit
» le rare talent de deviner mes pensées.......

(*Jean s'applaudit lui-même.*)

» Je vous confirme donc tout ce qu'il vous a dit
» ici, & j'ajoute seulement, que je vous prie de gar-
» der le porte-feuille. c'est le présent de nôce que je
» destine à Mademoiselle Angélique.

ARISTE.

Je vous suis redevable, & je vais à présent

Apporter

Comédie.
Apporter à ma fille un si riche présent.
Ariste sort.

(Croyant être seule.)
Allons, il me paroît que je ne puis mieux faire
De tâcher au plutôt de finir cette affaire ;
Et ma fille est, je crois, fort heureuse aujourd'hui
D'avoir, sans y songer, un époux comme lui.
(posément.)
Mais si malgré l'appas d'une pareille somme,
Elle s'obstine enfin à refuser cet homme,
Alors......
(Appercevant Jean.)
Que fais-tu là planté comme un piquet ?
JEAN.
Madame, j'attendois, s'il faut vous parler net,
Que vous eussiez encor quelque chose à me dire ?
Mad. ARGANTE.
Non, tu peux t'en aller.
JEAN.
Suffit, je me retire.

SCENE XI.

Madame ARGANTE seule.

ARiste est Taciturne, il le faut avouer !
On a beau le flatter, le prôner, le louer ;
Ne pouvant se résoudre à dire une parole,
Il fait à son valet jouer ici son role.
Mais est-ce un si grand mal d'être comme cela ?
Si Messieurs les maris imitoient celui-là,
On n'entendroit jamais du bruit dans le ménage.
Il me souvient encore qu'à notre mariage,
Argante s'avisa de prendre le haut ton ;
Mais je le réduisis bientôt à la raison :
Il m'aimoit, & je fis si bien par mon adresse,
Que je sûs dans un mois me rendre la maîtresse.
Aujourd'hui, cependant, à ce que je puis voir,
Il croit impunément manquer à son devoir,
Car il refuse Ariste, & protége Valere,
Qui, pour unique bien, n'a que le don de plaire,
Tandis que son rival est un riche parti......
Bon homme, assurément vous en aurez menti ;
Et si vous m'en croyez, vous resterez tranquille,
Ou s'il vous arrivoit de m'échauffer la bile,
Je vous ferois sentir l'effet de mon courroux......
J'entends quelqu'un...... c'est lui...... bon homme avan-
cez-vous ?

SCENE XII.

Monsieur ARGANTE, Madame ARGANTE.

Mad. ARGANTE.

Il est temps aujourd'hui qu'avec vous je m'explique,
On dit que vous voulez marier Angélique;
Et que Monsieur Valere est cet heureux amant
Que vous lui destinez sans mon consentement?
Pour moi qui vous connois, je suis sûre au contraire,
Que vous ne ferez pas ce qui peut me déplaire.

Mr. ARGANTE.
Non ma femme sans doute, & mon intention.....

Mad. ARGANTE.
Quel peut être l'auteur de cette invention?
Si je parviens jamais à découvrir ce traître,
Je le fais sûrement, sauter par la fenêtre.
Je ne sai qui me tient, tant je suis en courroux,
D'y jetter tout le monde, en commençant par vous.

Mr. ARGANTE.
Mais ma femme, écoutez?.....

Mad. ARGANTE.
     Je ne veux rien entendre!
Marier Angélique, & me donner un gendre,
Sans me dire un seul mot, sans que j'en sache rien!

Mr. ARGANTE.
On a tort : si pourtant vous m'écoutiez.....

Mad. ARGANTE.
       Eh, bien,
Je vous entends, voyons, qu'avez-vous à me dire!

Mr. ARGANTE.
Je m'en vais, en deux mots, sur ce point vous instruire,
Mais il faut, s'il vous plait, m'écouter jusqu'au bout,
Sans quoi je ne pourrai jamais vous dire tout.

Mad. ARGANTE.
Au fait bon homme, au fait, sans tant de préambule.

Mr. ARGANTE.
Peut-on disconvenir, sans être ridicule,
Que Valere ne compte un grand nombre d'Ayeux,
De Noble extraction?

Mad. ARGANTE.
    Soit, il est noble,..... & gueux.

Mr. ARGANTE.
Sans doute vous savez qu'il adore Angélique,
Et qu'ils s'aiment tous deux?

Comédie.

Mad. ARGANTE.
C'est là ce qui me pique.

Mr. ARGANTE.
Tout le monde convient qu'il est homme de bien,
Qu'il a baucoup d'esprit ?

Mad. ARGANTE.
D'accord, mais il n'a rien ;
Et vous n'ignorez pas qu'on ne peut dans la vie
Rien faire sans argent ?.....

Mr. ARGANTE.
Ecoutez, je vous prie.
N'est-il pas vrai qu'Ariste est de méchante humeur ;
Qu'il ne dit pas un mot, qu'il est sombre & rêveur ?

Mad. ARGANTE.
Sa Taciturnité le rend mélancolique,
J'en conviens avec vous ; & je sais qu'Angélique
Ne trouvera dans lui qu'un époux ennuyeux :
Mais il est riche enfin, c'est tout ce que je veux.

Mr. ARGANTE.
Fort bien ! vous croyez donc que dans le mariage,
Il suffit de jouir d'un très-gros héritage
Pour goûter à la fois le plus parfait bonheur ?
Soit dit sans vous fâcher, vous êtes dans l'erreur ;
Et je vous soutiens, moi, que le plus nécessaire
Est d'assortir d'abord l'âge & le caractere.
En agissant ainsi, tous les époux entr'eux,
Béniroient le moment qui couronna leurs feux.
Mais un point qui n'est pas à négliger, je pense,
C'est d'être, s'il se peut, d'une égale naissance.
Il me paroit encore qu'il est bon de s'aimer ;
Mais je crois qu'avant tout, il faudroit s'estimer.
Ou je me trompe fort, ou voilà, ce me semble,
Ce qu'on doit observer, quand on s'unit ensemble :
Pour l'intérêt, on peut le consulter après.

Mad. ARGANTE, *d'un ton railleur.*
L'on vous fabriquera des maris tout exprès.
(*à part.*) (*haut.*)
J'enrage. Savez-vous, Monsieur le Philosophe,
Que votre sot discours depuis long-temps m'échauffe ;
Et que je saurai bien vous faire filer doux ?

Mr. ARGANTE.
Si vous vous échauffez, ma foi, tant pis pour vous ;
Car enfin, il est temps que je fasse connoître,
Qui de nous deux a droit de commander en maître.
J'ai crû qu'il convenoit de vous parler raison :
Mais je vois à présent qu'il faut changer de ton ;
Et vous avez, Madame, & beau dire, & beau faire ;
Dès ce soir Angélique épousera Valere.

Mad. ARGANTE.
Moi, je vous jure ici, Monsieur, que malgré vous,

Le Taciturne,

Ariſte, dès ce ſoir, deviendra ſon époux.

Mr. ARGANTE, *d'un ton piqué.*

Cela ne ſera pas.

Mad. ARGANTE, *le contrefaiſant.*

Cela ſera, vous dis-je ?

Mr. ARGANTE.

Pour finir en un mot, Madame: je l'exige.

Mad. ARGANTE, *avec un ſourire forcé.*

Vous l'exigez Monſieur ?..... Pour finir en un mot,
Je ſaurai vous prouver que vous n'êtes qu'un ſot.

Mr. ARGANTE.

(*à part*)   (*haut.*)

Point de foibleſſe, allons. Pour vous, Madame Argante,
Vous n'êtes qu'une folle, & qu'une extravagante,
Qui ne méritez plus qu'on daigne vous aimer.

Mad. ARGANTE, *à part.*

Feignons, car ce propos commence à m'alarmer.

(*haut, & d'un ton tragique.*)

Non, je ne reviens point de ma ſurpriſe extrême !
Ah ! mon fils, je le vois, vous n'êtes plus le même.
Ne vous ſouvient-il plus du jour, de l'heureux jour,
Où votre jeune cœur, ſenſible à mon amour,
Brûloit à chaque inſtant de m'en donner des marques,
Vous euſſiez dédaigné le Thrône des Monarques,
Si l'on vous eût forcé de trahir votre foi,
En acceptant la main de toute autre que moi.
Mais pourquoi rappeller en vain à ma mémoire,
Ce qui fit autrefois mon bonheur & ma gloire ?
Hélas ! tous mes diſcours ſont ici ſuperflus,
Car vous m'aimiez alors, & vous ne m'aimez plus.....

Après une petite pauſe, qu'elle emploie à regarder M. Argante, qui s'attendrit par dégrès.

Si cependant mes ſoins ont paru vous déplaire,
Lorſque j'ai mis obſtacle à l'hymen de Valere ;
Pour tâcher de fléchir votre juſte courroux,
Vous me voyez, mon fils, embraſſer vos genoux.

Mr. ARGANTE, *à part.*

Je me ſens attendri juſques au fond de l'ame ;

(*haut.*)

Et mes pleurs malgré moi..... Va, ma petite femme,
Je ferai déſormais tout ce que tu voudras.....

Madame Argante, toujours aux genoux de ſon mari, doit ici faire ſemblant de s'évanouir.

Que vois-je !..... Elle ſe meurt !..... ô Ciel, quel embarras !.....
Et j'ai pû t'offenſer, excuſe mon audace,
Tiens, je tombe à tes pieds, pour obtenir ma grâce,

SCENE DERNIERE.

Mr. ARGANTE, Mad. ARGANTE, VALERE, ANGÉLIQUE, MARTON, *entrant d'un côté.* ARISTE, JEAN, *de l'autre.*

ANGÉLIQUE, *à sa mere.*

(*Mr. & Mad. Argante se releve précipitamment.*)

Ah, Madame !...... Mon oncle, en ce même moment,
En faveur de Valere a fait son testament ;
Et pour clause il y met qu'à notre mariage,
On procéde aujourd'hui, sans tarder davantage :
Mais quoique cet hymen remplisse mon espoir,
Je connois envers vous jusqu'où va mon devoir,
Et d'avance s'il faut renoncer à Valere,
Parlez : je ferai tout, pour ne vous pas déplaire.
   MARTON, *à part.*
On ne peut pas agir, je crois, plus finement,
Pour venir à son but.
  Mad. ARGANTE, *à Valere.*
    Voyons ce testament.
  [*après avoir lû.*]
Puisque vous êtes riche, allons, sans plus attendre ;
Je vous donne ma fille, & vous nomme mon gendre.
    VALERE.
Madame, je ressens autant que je le doi
Les marques de bonté que vous avez pour moi.
   ANGÉLIQUE, *à sa mere.*
Vous connoissez mon cœur, je ne suis point ingrate.
   Mad. ARGANTE, *à Ariste.*
Ma fille ne veut pas d'un époux automate,
Monsieur : voilà de vous tous les papiers que j'ai ;
  [*Jean reçoit le porte-feuille.*]
Je suis votre servante, adieu, prenez congé.
   JEAN, *à Ariste à part.*
Si vous avez, Monsieur, quelque chose à lui dire ;
J'irai vite chercher ce qu'il faut pour écrire.
  [*Ariste le regarde d'un air de colere.*]
    Mr. ARGANTE.
Je ne me sens pas d'aise !... ah, comme mon cœur bat !
   (*à Angélique & Valere.*)
Venez, dépêchons-nous de signer le contrat :

Mais avant tout, allons remercier mon frere,
De ce que pour vous deux il a bien voulu faire.
(Ils sortent tous, excepté Jean, & Ariste.)
JEAN, *arrêtant Marton.*
Un moment donc Marton ?..... je veux t'épouser, moi.
MARTON.
S'il me falloit choisir ou Lucifer, ou toi,
Traître, n'en doute pas, dans un malheur semblable,
Mon choix seroit tout fait : j'épouserois le Diable.
(Elle sort.)
JEAN, *après une courte pause.*
Tous nos projets, Monsieur, ont si bien réussi,
Qu'il ne nous reste plus qu'à décamper d'ici......
Mais vous rêvez, je crois ? Eh, fi donc ! à votre âge,
Vous convient-il, morbleu ! de manquer de courage ?
Tenez, imitez moi, je suis tout consolé.
ARISTE, *après avoir rêvé quelque temps.*
Je n'ai qu'un seul regret...... c'est d'avoir trop parlé.

FIN.

On trouve à Avignon, chez les Freres, Bonnet, Imprimeurs, Libraires, vis-à-vis le Puits de Bœufs, un assortiment de Pieces de Théâtre, imprimées dans le même goût.

www.ingramcontent.com/pod-product-compliance
Lightning Source LLC
Chambersburg PA
CBHW070541050426
42451CB00013B/3127